문학과지성 시인선 364

오후 여섯 시에 나는 가장 길어진다

신영배 시집

문학과지성사

문학과지성 시인선 364
오후 여섯 시에 니는 가장 길어진다

초판 1쇄 발행 2009년 7월 24일
초판 2쇄 발행 2018년 9월 3일

지 은 이 신영배
펴 낸 이 이광호
펴 낸 곳 ㈜문학과지성사

등록번호 제1993-000098호
주   소 04034 서울 마포구 잔다리로7길 18(서교동 377-20)
전   화 02)338-7224
팩   스 02)323-4180(편집)   02)338-7221(영업)
전자우편 moonji@moonji.com
홈페이지 www.moonji.com

ⓒ 신영배, 2009. Printed in Seoul, Korea

ISBN 978-89-320-1972-7 03810

이 책의 판권은 지은이와 ㈜문학과지성사에 있습니다.
양측의 서면 동의 없는 무단 전재 및 복제를 금합니다.
지은이는 2008년 한국문화예술위원회가 지원한 창작지원금을 수혜했습니다.

문학과지성 시인선 364
오후 여섯 시에 나는 가장 길어진다

신영배

2009

시인의 말

바다로 가서 손을 씻었다.

2009년 7월
신영배

오후 여섯 시에 나는 가장 길어진다

차례

시인의 말

제1부

저녁의 점 9
오후 여섯 시에 나는 가장 길어진다 10
기하학적 다리에 대한 독백 12
세상에서 가장 긴 나무의 오후 14
나를 버리지 마세요 16
그림자 날다 17
팔월의 점 18
그림자라는 고도 20
공중 옷길이 22
태양 아래에서 23
정오에는 말을 버린다 24
그녀의 점자 27
저녁의 거울 28
거울의 저녁 29
얼굴은 안개로 돌아간다 30
나의 아름다운 방 32
점의 동물 34

제2부

수면용 안대 37
소녀의 점 38
불타는 그네 40
비누가 닳다 42
점핑스커트 44
소녀의 밤 47
모빌 50
마리오네트 51
해변의 비디오 52
기억은 기형이다 55
집이 있던 자리 56
치마 속으로 다리를 집어넣다 58
봄의 옥상 60
누워 있는 네 개의 발 61
휴일의 공기 62
두 마리의 고양이를 위한 방 64
상상임신 65
그림자 가게 1 66

제3부

상자가 아직 칼이었을 때 69
새의 점 70
풀밭 위의 욕조 72
새가 떠 있는 동안 74

전자 비   77
리모컨 바다   80
티브이 아비   82
도시의 집   84
흐르는 발   85
사막에서   86
나를 입으세요   87
나를 입으세요!   88
그림자 가게 2   89
등을 더듬다   90
마그리트의 티브이   92
공중계단   94
4월의 나프탈렌   96
2층 햇살돛단배   98
점의 구성   100
발끝의 노래   101

해설 | 그녀, 그림자 되다 · 강계숙   104

제1부

저녁의 점

 베란다에서 뽑힌 머리카락은 베란다에서 자란다 보도블록 위에서 뽑힌 머리카락은 보도블록 위에서 자란다 테이블 앞에서 뽑힌 머리카락은 테이블 앞에서 자란다 엘리베이터에서 뽑힌 머리카락은 엘리베이터에서 자란다 침대에서 뽑힌 머리카락은 침대에서 물속에서 뽑힌 머리카락은 물속에서 거울 속에서 뽑힌 머리카락은 거울 속에서 꿈속에서 뽑힌 머리카락은 꿈속에서, 자란다, 손아귀들의 한낮

 검은 바람결이 목을 감는다 손아귀들이 연체동물처럼 스멀스멀 저녁의 구멍 속으로 들어간다 그림자들이 죄다 머리가 잡혀 저녁의 점으로 들어간다 아이들은 얼어붙어 집으로부터 떨어진 점이 된다 둥근 나무들의 여백 사이로 발 없는 여자가 달린다 베란다에서 자라는 검은 식물 속으로 모공의 꿈속으로 침대와 엘리베이터와 테이블과 보도블록과 물빛이 함께 있는 거울 속으로, 달린다, 점이 될 때까지

오후 여섯 시에 나는 가장 길어진다

옥상에 앉아 있던 태양이
1층 유리창으로 내려온다
유리 속을 걷는 구두는 반짝인다

귀가 접힌 어떤 사람들은
계단을 밟고 지하로 내려간다
계단으로는 지상에 없는 음악이 올라온다

작품은 지상에 걸리지 않는다

나의 아름다운 바지는 다리가 하나이다
지퍼 하나, 주머니는 넷

오후 여섯 시에 나는 가장 길어진다

하체가 지하로 빠진 골목은
골반에서 화분을 키운다
지상에 없는 향기가 흙에 덮여 있다

나는 천천히 걸어 여섯 시 꽃에 닿는다
닫히는 문에 손을 찧으며
여섯 시 꽃으로 들어가 여섯 시 꽃에서 나온다

길가에서 아이들이
발끝을 비벼 머리를 지우는 장난을 한다
머리를 지운 아이들은 사라진다

멀리 떨어진 머리를 지우러
나는 길어진 내 그림자 위를 걸어간다

귀가 지하에 잠겨 있을
내 그림자 끝으로

기하학적 다리에 대한 독백

깨워주세요
물이 빠져나가는 시간에 맞춰
내 귀를 뻥 뚫어주세요
하나, 둘, 셋
힘주어 나를 밀어주세요
다리부터 빠져나가는 빛의 구멍
식탁 밑에서 태어나는 여섯 개의 다리

아침의 거품으로 샤워를 시키고
예쁜 원피스를 꺼내 입히고
파인 가슴에 목걸이를 걸어주고
반짝이는 뾰족구두를 신겨
두 개의 다리를 외출시키고
나는 네 개의 점으로 주방에 몰려 있어요

정육면체 두 개 위에 직육면체 두 개가 얹어진 나는
양쪽으로 문을 열 수 있어요
꽃이 피고 토마토가 열리는 시간

밖으로 나간 다리들은
바람의 색깔이거나 구름의 방향,
달리는 도시의 소음
창밖으로 해가 기울고 토마토가 후드득 떨어져요
아래가 붉게 젖을 때 힘없이 돌아오는 발소리
나는 한 개의 다리를 거둬들이고
아직 한 개의 다리를 기다려요

세상에서 가장 긴 나무의 오후

하루 종일 내 긴 머리카락으로
당신들의 책상을 훔쳤어요
당신들은 꼬리를 서랍 속에 넣고 닫고
하루 종일 내 긴 머리카락으로
당신들의 구두를 치웠어요
당신들은 혀를 여기저기 흘리고 밟고
내 목이 바닥으로 길게 늘어진 오후
서랍에서 꼬리가 빠져나오고
바닥에서 혀가 쑥쑥 자라나요

내 그림자는 세상에서 가장 긴 나무의 오후

빌딩 속에서 나무가 일어선다
길게 그림자가 뻗는다
유리창을 통과하고 도시를 덮는다
그림자 속에서 새가 날고
그림자 속에서 강이 흐르고
그림자 속에서 바람이 불고
나무 그림자는 동시에 새 그림자

새 그림자는 동시에 강 그림자
강 그림자는 동시에 바람

오후의 머리카락이 지평선까지 풀리다
지평선 위에 흐르는 새
지평선 위에 나는 강
지평선 위에 바람

빌딩 속에서 책상들이 나무를 자른다
눈이 아래로 떨어지는 나무는
지평선을 거둔다

유리창으로 날아드는 구두
유리창으로 달라붙는 혀
유리창으로 뛰어드는 꼬리

검고 붉은 창가에서

나무의 오후

나를 버리지 마세요

그녀는 꿰맨 흔적

의자 속으로 몸을 숨기던 여자와 여자가 떼어놓는 일곱 살짜리와 태양을 가리는 여자의 손과 여자가 아이의 손에 쥐여주는 지폐와 택시의 후진과 차창 밖으로 반짝이는 팔찌와 잠시 끌어당겨지는 아이의 팔과 여자가 다시 아이의 손에 쥐여주는 사과와 택시의 전진과 뚝 뚝 뚝 달리는 무릎과 떨어져 날리는 지폐와 풀숲으로 들어가는 붉은 과일과 굴러가는 바퀴와

바람에 날리는 블라우스 그림자와 길게 늘어난 팔 그림자와 둥글게 부푸는 손 그림자와 불룩한 가방 그림자와 구겨진 치마 그림자와

조각조각의 그림자를 깁고 얽어맨
완성의 그녀

그림자 날다

쪼그려 앉아 바닥에 비친 내 그림자를 따라 그린다
오후 두 시 머리가 잘린 새

팔을 펴 들고 바닥에 드리워진 그림자를 그린다
오후 네 시 날개를 그리다

빌딩 모서리에 걸린 어깨를 그린다
오후 여섯 시 깃털을 그리다

톡톡톡 걷는 발바닥을 그리다
벗은 구두

나를 데리러 온 바람을 그리다

옥상 난간에서

팔월의 점

나무가 흔들린다

벽과 벽 사이

태풍이 나무를 먹고 있다

세 사람이 흔들린다

창문 밖으로 얼굴이 떨어진다

화분이 바닥에 깨진다

붉은 얼룩

꽃이 얼굴을 먹고 있다

그네가 흔들린다

아이가 바람 속으로 들어간다

고요히 다리가 떨어진다

여자가 화분 속에 깨진 아이를 주워 담는다

저녁이 온다

세번째 얼굴과 거울 사이로

그림자라는 고도

그림자를 기다린다
나무 밑이다

그림자의 방향을 본다
바람이다

주머니 속으로
손을 넣는다
어깨가 들어간다
머리통이 들어간다
불룩하다

그림자의 소리를 듣는다
비다

그림자의 색깔을 본다
불이다

주머니 속으로
발을 넣는다
다리가 들어간다
골반이 들어간다
불룩하다

그림자의 냄새를 맡는다
꽃이다

그림자의 맛을 본다
하수구다

주머니가 툭 떨어진다

(사라지며)

그림자를 기다린다

공중옷걸이

그것은 공중에 떠 있다

그는 옷을 벗어
걸어두고
내려온다
떨어져
내린다

그것들은 공중에 떠 다닌다

그들은 바닥에 붙어
애매하게 움직인다

태양 아래에서

나는 팔을 떼었다 붙였다
나무의 가지 사이
엄마는 눈을 떼었다 붙였다

나는 다리를 떼었다 붙였다
흐르는 강물 위
엄마는 귀를 떼었다 붙였다

나는 목을 떼었다 붙였다
해바라기 담장으로
엄마는 입술을 떼었다 붙였다

나는 발목을 떼었다 붙였다
해변의 모래알 속
엄마는 치아를 떼었다 붙였다

나는 가슴을 떼었다 붙였다
봄의 언덕으로
엄마는 숨을 떼었다 붙였다

정오에는 말을 버린다

창밖에서 사람들은 그림자를 사고팔았다

정오의 사무실

벽에 점이 있다

그녀는
점을 향해 달려 들어갔다

벽이 눕는다

바닥이 일어선다

그녀가 쓰러진다

바닥이 벽이 된다
점이 있다

그녀는 일어나
점을 향해 달려 들어갔다

다시 벽이 눕는다

다시 바닥이 일어선다

그녀가 쓰러진다

벽이 도로 벽이 된다
연속하는 점

그녀는 일어나
점을 향해 달려 들어갔다

벽이 눕는다

바닥이 일어선다

쓰러진다

그녀는 일어나
점을 향해 달려 들어갔다

깊은 곳에서 말을 버렸다

그녀의 점자

비가 내린다 ㅣ가 내린다 ㅣ가 내린다 ㅣ가 내린다 ㅣ가 내린다 ㅣ가 내린다 ㅣ가 내린다 ㅣ가 내린다 ㅣ가 내린다 ㅣ가 내린다 ㅣ가 내린다 ㅣ가 내린다 ㅣ가 내린다 ㅂ 도시가 젖는다

점이 세 개씩 하늘에서 떨어진다

어제 지나갔던 길의 점들을 사람들이 뜯어내고 있다
그녀의 노란 발은 열세번째 계절에 닿던 집을 잃는다

얼음의 날들이 다가온다

그녀는 점 속으로 숨는다
그리고 점으로 나타난다

저녁의 거울

거울을 들여다본다 아무것도 비추지 않는 저녁이다 달이 뜨는 소리가 난다 음악을 달로 보낸 사람이 이곳에 머문다 숨을 향기롭게 앗아가던 그의 손가락들 달의 냄새 그의 혀에는 가사가 없고

거울을 들여다본다 아무것도 비추지 않는 저녁이다 점을 눌러본다 ㅇㅕㄹㅡㅁ

거울의 저녁

 거울을 들여다본다 아무것도 비추지 않는 저녁이다 바람이 지나가는 소리가 난다 베란다 난간에서 발들을 데려가는 바람의 옆구리 앨범에서 오려낸 얼굴은 정말 사라지고 차가운 바람의 냄새가 난다 향기로운 말들을 책에서 오리고 그녀는 혀가 없는 동물

 거울을 들여다본다 아무것도 비추지 않는 저녁이다 점을 눌러 본다 ㄱㅕㅇㅜㄹ

얼굴은 안개로 돌아간다

강이 동쪽에서 서쪽으로 흐른다

꽃이 눈알을 강물에 떨어뜨린다
새가 부리를 강물에 떨어뜨린다
연인이 하체를 강물에 떨어뜨린다

뱀의 꼬리가 서쪽으로 늘어난다

얼굴은 지표면 가까이에 떠다닌다

말은 부어올랐다
말은 충혈되었다
말은 고름이 괴었다
말은 늙어갔다

눈은
꽃이 있는 곳에서 꽃이 없는 곳으로 간다
입은

혀가 있는 곳에서 혀가 없는 곳으로 간다
코는
향기가 있는 곳에서 향기가 없는 곳으로 간다
귀는
바람이 있는 곳에서 바람이 없는 곳으로 간다

얼굴이 강을 건넌다
말들이 사방으로 흩어진다
부연 입자의 배열로 돌아간다

목 위에 안개를 얹고 연인을 찾아간다
연인이 환하게 웃는다
나는 꽃의 아내

나의 아름다운 방

오후 두 시 방향으로
나는 상자의 그림자를 가지고 있다
얇게 접어둔 다리

의자는 새의 그림자를 가지고 있다
앉아 있던 잠이 툭 떨어져 내린다
의자가 쓰러지고
새가 아름답게 나는 방

오후 네 시 방향으로
나는 물병의 그림자를 가지고 있다
흠뻑 젖은 주둥이로 다리를 조금 흘린다
관 뚜껑을 적시는 문장

화분은 고양이의 그림자를 가지고 있다
깨진 고양이가 내 손등을 할퀸다
씨앗이 퍼진다
갈라진 손등에 고양이를 묻고

해 질 녘 손의 음송

오후 여섯 시 방향으로
나는 기다란 악기의 그림자를 가지고 있다
붉은 손가락으로 관 속의 다리를 연주한다

커튼은 물고기의 그림자를 가지고 있다
젖히자 출렁이는 강물 속
내 다리가 아름답게 흐르는 방

점의 동물

입이 귀였을 때
무릎이 혀였을 때
머리통이 발바닥이었을 때
손톱이 이빨이었을 때
겨드랑이가 코였을 때
두 다리가 가슴이었을 때
요도가 식도였을 때

나는 혐오스러운 점의 동물
흰 고양이 뒤에 붙는 검은 고양이
흰나비 날개에 붙는 검은 나비
사내 뒤에 붙는 사내
백색의 말 위로 뛰어오르는 흑색의 말

제2부

수면용 안대

두 구름이 내려놓은 구덩이
나의 두 눈은

나의 두 눈은
흰 구름을 천천히 지우며
하얀 낮을 닫는다

얼굴을 냉동실에서 냉장실로 옮기고
귀가 녹는 윙윙거리는 시간을 닫고
눈이 녹는 색색의 창들을 닫고
혀가 녹는 말의 뚜껑들을 닫고
밑으로 핏물이 배어 나오는

태양의 방을

닫고

소녀의 점

소녀는 새를 기다린다
새는 물을 뚝뚝 흘린다

줄 위에 새가 앉아 있다

새가 마르면
새는 날아간다

나는 소녀를 기다린다
소녀는 물을 뚝뚝 흘린다

줄 위에 소녀가 앉아 있다

소녀가 마르면
소녀는 날아간다

바다가 밀려온다
줄 위에서 떨어지는

소녀의 점을 본다

목이 부러진 새를 날리던 물가

불타는 그네

그네는 붉다
노을이다
쇠줄은 차갑다
노을이 붉은 얼음 상자를 끌고 간다
혀가 얼음에 붙어 따라간다
머리카락이 날리고
그녀의 쇄골이 드러난다
혀가 빠져나간 입이 그녀의 가슴에 붙어 있다
노을이 그녀의 입을 벌린다 붉게
저녁이 새가 그녀의 가슴에 부리를 박는다
당신이 뒤에서 그네를 민다 천천히
노을이 핏빛을 뿌린다 그네는 불에 탄다
활활 그녀의 치마가 하늘로 전진하며 붉게 퍼진다
활활 새의 날개가 가슴을 파고든다
활활 구멍으로 말을 한다
그녀의 가슴이 괄다
허공에서 그네가 머문다
삐걱거리는 쇳소리로 저녁이 내려올 때

그녀의 등이 탄다 뒤통수가 벌어진다
당신의 손이 더 세게 그녀를 민다 당신의 손도 탄다
그네와 함께 저녁을 젓는 손
당신의 혀는 당신의 목구멍으로 넘어간다
더 이상 말이 쏟아지지 않고
더 이상 당신의 손이 그녀의 등에 닿지 않는 저녁
그네는 붉다 노을 속으로 날아 들어간
가벼운 소녀다 첨벙 뛰어든 처녀다
화장되는 노파다
붉은 손을 바지 주머니에 넣고
당신이 돌아간다

비누가 닳다

 소리 없는 그가 뒤에 와 있을라치면 사람들은 소스라치게 놀랐다 그의 바지 주머니 속에는 늘 조각칼이 들어 있었지 그가 쪼그리고 앉아 들여다보는 구멍을 아무도 들여다보지 않았네 그는 없다가도 뒤에 있고 있다가도 거기 없는 조용한 걸음의 여자였어

 조각가 K는 거대한 비누를 만들었지 자신과 똑같은 모양과 크기로 비누를 조각했어 작품 K-B107은 욕실에 세워졌네 벗은 여자가 향기로워라

 그녀는 어디부터 닳았을까?

 그는 매일 손에 물을 발라 그녀를 만졌다 살구 빛 거품들이 피어났다 포옹은 미끄러워 유방이 물고기처럼 두 사람 사이를 빠져나갔다 수천억 개의 거품 속에 수천억 개의 키스가 맺혔다 몸에 수천억 개의 구멍이 매달렸다 그가 거품을 입에 물고 쓰러졌다 타일이 경련을 일으켰다 동그란 거품 속에 네모난 틀이

박히고 창밖으로 뛰어내리는 소녀의 비행이 수천억 번 재현되었다 거품들이 한순간 물에 씻겨 나갔다 그녀의 몸이 닳았다

  오늘의 거품은 어제의 거품보다 소규모다 오늘의 작품은 어제의 작품보다 닳아 있다

  비가 무섭게 내렸어 욕실의 천장을 뚫고 빗줄기는 검은 수챗구멍을 향해 달렸지 거품들을 데려갔지 사람들은 K의 바지 주머니 밖으로 삐져나온 조각칼을 조심조심 피했다네 그들과 K 사이에는 비가 굵어졌어 빗줄기만으로 그는 간단히 가려졌지 녹아내렸지

  그가 욕실문을 열었다 오늘의 작품은

  살구비누만 한 종양

점핑스커트*

남자아이들이 치마를 뜯어가요
공기를 쥐었다 폈다 혼자 노는 골목
우르르 달려드는 푸른 치아
원피스는 벽에 좌악 달라붙어요
부풀어 오르는 바람 속으로
손을 넣었다 빼는 아이들
치마는 조각조각 날려요
한 아이가 손톱 끝으로 벽을 주욱 긋자
실밥이 풀리고 그림자의 하단이 끊어져 내려요
녹색 프릴과 자줏빛 리본의 골목
건물이 올라가고 층층이 네온사인이 걸리고
그림자는 불쑥 처녀가 되었어요
사내가 처녀의 다리 사이에서
그림자를 뜯어내기 시작해요
세상의 바람이 향기롭게
치마 속에서 태어나고
한 잎 두 잎 치마가 펼쳐져요
사내의 손은 이제 지루한 길이의 촉수

사내가 처녀의 허리를 돌려요 뱅글뱅글
동그랗게 퍼지는 플레어스커트

토옹

튀어 올라요

나처럼 지붕을 살짝 밟아요
창가를 꽃무늬로 덮어요

나는 점핑스커트

도시의 옥상에서 노을을 맞이해요
발끝이 흔들린다면
나를 입으세요 안전해요 사랑이 끝났잖아요
부풀어 오르며 노래를 불러요
노을이 땅의 악기를 연주할 때

토옹

뛰어내려요

그리고 통통

다시 튀어 올라요

통통통 통통통
튀어 오르는 치마아 뛰어내리는 치마를
사랑의 도시는 공중이 꽉 찼어요

* 이주요의 미술 설치 작품. 치마 속에 대형 스프링 장치.

소녀의 밤

간호사가 소녀의 팔에 붕대를 감았다
소녀의 그림자가 사라졌다
벽이 가만히 옆구리를 더듬었다
붕대 밖으로 혈관들이 속삭였다
간호사가 소녀의 팔에서 붕대를 풀었다
소녀의 그림자가 나타났다

소녀의 팔은 어제의 화분보다 더 부풀었다

시간이 붕대를 감고 풀 때
소녀는 그림자를 감고 풀었다

소녀의 팔은 어제의 베개보다 더 부풀었다

혈관들은 그림자 밖으로 뻗어나갔다
누구도 그려보지 않은 형상으로
소녀는 부피가 늘어났다

엄마는 밤과 낮 사이에서
그림자들을 껐다 켰다 스위치를 눌렀다

소녀의 팔은 어제의 침대보다 더 부풀었다

밤의 시계가 붕대를 풀자
소녀도 그림자를 풀었다
소녀가 벽에 팔을 들어 올리자
그림자가 펼쳐지며 병실 전체를 덮는다
어둠 속에서 엄마가 스위치를 찾는다

창을 열자 밤과 밤이 이어진다
소녀가 날개를 젓는다

어디로 날아가는 거니?
엄마가 어둠을 꼭 붙든다

누구도 그려보지 않은 형상으로

꿈틀거리는 소녀

일렁이는 밤

모빌

교실의 가루
흩어지는 음계
줄 밖으로 내민 혀
행진하는 행진곡
구두의 열정
치마 속에서 나오는 머리
하반신은 의자
빛의 책
불타는 발
복도의 속도
그리고
처음 여는 무덤
'ㅅ'과 'ㅈ'의 간격
머리 위에서 흔들리는 점
공중의 분만

마리오네트

 물이 흐르는 비닐 커튼을 젖히면 등에 붉은 구멍이 줄줄 흘러내리는 여자 바람 빠진 풍선 쪼그라든 사내의 혀를 등에 달고 밤새 긁는 여자 휴게실 테이블에 앉아 붉고 긴 혀를 케첩처럼 오후 내내 흘리는 여자 실종된 아이 전단지로 집을 바른 여자 종이꽃에 달린 옷핀으로 가슴을 찌른 여자 유두에서 붉게 흘러내리는 오월의 카네이션 앞니에 끼운 의치를 설명하기 위해 리포트를 들고 교실 단상에 올라 바지 위에 오줌을 눈 여자 시멘트 바닥에 머리가 처박히던 여름 사내의 손아귀에 목이 젖혀져 꺽꺽 목구멍으로 부러진 이빨을 삼키던 여자 공중화장실 변기에서 일어서는데 사타구니 사이로 흘러내리는 피 한 줄 풀린 실밥 붉은 실을 잡아당기는 여자 머리를 두 다리 사이에 넣고 계속 붉은 실을 뽑는 여자 원피스가 밑에서 위에까지 다 풀리도록
 나는 목이 꺾인 채 잠들어 있다 팔 다리 허리 모든 관절이 꺾인 채 평퍼짐한 원피스 속에 들어 있다 여자는 벽 앞에 서서 붉은 실을 입에 물고 있다 질겅질겅 씹어 삼키고 있다 붉은 실은 벽 속에서 끊임없이 풀려 나온다 서서히 당겨진다 여자는 무대가 열릴 때까지 계속 붉은 실을 먹는다 나를 일으켜줘

해변의 비디오

자동차가 해변에 멈춰 서 있다
바닷물은 자동차 위 공중에 떠 있다
푸른 손가락을 뽑아 들고
차창에 입김을 불어
소풍,을 쓴다
자동차 안의 연인들은
발과 얼굴이 젖어 있다
뒤를 비추는 거울 속
하늘에서 물이 내려온다
자동차는 바다 위 공중에 뜬다
푸른 손가락을 뽑아 들고
연인들은
풍경이 거니는 빛의 길로
젖은 네 개의 발로
소풍,을 간다

웃는
연인의 등을 비디오로 찍은 적이 있다

해변처럼 휜

서로의 얼굴에 입김을 불고
글자를 쓰는 일
연애란

그리고 사라지는 글자를 보는 일

목이 떨어지는 일

연인의 등이
해안사구에 눕는다

수면 위의 바람은
해변을 밀었다가 끌었다가

집 한 채가 육지였다가 바다였다가

우리는 해변의 연인
서로의 몸에 해변,을 쓴다

몸은 흙이었다가 물이었다가

떨어진 목을 옆구리에 끼고

해변이 달린다

연인이 등에서 물이 출렁인다
보그르르 거품이 인다
구름이 뜬다

하얗게 웃는
연인의 등을 비디오로 찍은 적이 있다

기억은 기형이다

 공중에서 우수수 쏟아지는 머리카락의 밤 수십 개의 귓구멍으로 둘러싸인 머리통 하늘거리는 귓바퀴들 콧수염 속에서 자라는 눈알 등에 촘촘히 박힌 손톱 배꼽에서 빠져나오는 꼬리 비늘의 반대 방향으로 칼날을 넣고 다리를 긁는 손 바다에서 수족관으로 수족관에서 언덕으로 옮겨진 물고기인간 땅에 머리를 박고 두 다리가 붙은 바지를 입고 지퍼를 올렸다 내렸다 내 사랑

 기억해봐 나무를

집이 있던 자리

가짜 장님이 사는 집
어느 날 엄마는 눈이 멀었다고 말한다
새의 지느러미를 더듬고 더듬어
가죽이 들뜨고 물이 괸 딸의 발을 만진다

가짜 귀머거리가 사는 집
어느 날 엄마는 귀가 멀었다고 말한다
물고기의 부리를 더듬고 더듬어
골수가 빠지고 공기가 찬 딸의 등을 안는다

집은 겹겹의 들을 지나 지평선에 있다
지평선은 가깝다가 멀다가
부르르 떨리는 아이의 눈썹

들이 발바닥을 하늘로 띄우는 계절
지평선이 가라앉고
식물들이 공중에서 자란다

아래는 물고기 위는 새인 짐승이
집을 물고 하늘로 오른다

소녀의 붉은 발자국이 걸어간 방향으로
집은 존재한다

들에서 강간당한 소녀가 걸어 들어가는 집

치마 속으로 다리를 집어넣다

 입에서 길이 풀려 나왔다 그들은 말없이 말을 따라서 갔다 눈에서 길이 풀려 나왔다 그들은 눈을 감고 보이는 것을 따라서 갔다 발에서 길이 풀려 나왔다 그들은 걸음이 없는 꽃을 따라서 갔다

 오늘의 그림자는 빠져나가는 통로를 고민한다

 그녀는 오늘 아랫배에서 길이 풀려 나왔다
 사람들의 다리 사이에서 그녀는 기었다

 그녀는 오늘 손바닥에서 길이 풀려 나왔다
 머리 위로 사람들이 떨어뜨리는 동전을 받아먹었다

 그녀는 오늘 다리에서 길이 풀려 나왔다
 진한 냄새를 풍기며 사람들 속으로 다리를 끌었다

 밤이 잠시 그녀를 뒤집어놓는다
 그녀는 치마 속으로 다리를 집어넣는다

잘라서 길게 편 고무 타이어
그녀의 두 다리는 둥글게 말린다

봄의 옥상

그녀가 그네를 탄다
옥상 난간에서
삐걱삐걱
삐걱삐걱
새가 운다

동그란 무릎이 앞으로 갔다 뒤로 갔다
흰 깃털이 앞으로 날렸다 뒤로 날렸다

그가 떠나고 그의 그림자기 나중에 떠났다

누워 있는 네 개의 발

발이 마르는 동안

당신의 뒤통수는 책

발이 마르는 동안

우리가 나누는 말은 바람

발이 마르는 동안

우리는 두 그루

발이 마르는 동안

어둠이 톡!

발이 마르는 동안

당신의 등은 무지개

발이 마르는 동안

우리가 나누는 말은 햇빛

발이 마르는 동안

우리는 두 마리

발이 마르는 동안

우리는 안녕

휴일의 공기

 티브이가 침대를 끌어당긴다 티브이침대 휴일이다 티브이가 소파를 끌어당긴다 티브이소파 물고기들이 춤춘다 티브이가 수족관을 끌어당긴다 티브이수족관 나는 뒹군다 티브이 속에 내가 들어가 있다 티브이방

 티브이 밖에서 한 여인이 돌아다닌다 발목이 투명하다

 쓰러진 나무 주위에 녹색의 그림자들이 모여 있다 바람이 잎을 한 장 한 장 불자 가슴이 드러난다 메스와 핀셋들의 소란함 1시간 20분짜리 비디오테이프가 돌아가고 칼로 찢어도 안 아픈 휴일, 가슴을 벌리고 지름 4센티의 종양을 꺼낸다

 티브이 밖에서 한 여인이 세탁기를 돌린다

 몸에서 꺼낸 덩어리를 다시 가른다 그 속에서 지름 4센티의 종양을 가진 소녀를 꺼낸다 탁탁탁, 소녀를

가르고 지름 4센티의 종양을 가진 처녀를 꺼낸다 탁탁탁, 처녀를 가르고 지름 4센티의 종양을 가진 노파를 꺼낸다

  탁탁탁, 한 여인이 빨래를 털어 넌다 티브이 밖에서 그녀들은 말한다

이제 그만 나오렴

    나는 둥글게 몸을 만다

    소녀가 처녀를 끌어당긴다 소녀처녀가 노파를 끌어당긴다 소녀처녀노파가 나를 끌어당긴다 나는 4센티의 종양에 붙는다

    티브이 밖에서 그녀들이 돌아다닌다
    사라져서 투명한 발목들 떠도는
    휴일의 공기

두 마리의 고양이를 위한 방

  그녀는 그림자로 돌아간다 오전의 햇빛이 나의 머리를 길게 늘어뜨린다 나는 허리를 구부린다 청소를 시작한다 검고 긴 머리카락으로 바닥을 쓴다 식탁 아래 발자국을 쓴다 거울 앞 발자국을 쓴다 가방을 따라 나간 발자국을 쓴다 중풍의 소변 발자국을 쓴다 나는 머리카락에 물을 묻혀 바닥을 닦는다 소파 가죽에 파인 문자를 닦는다 뜨거운 주전자가 손등에 부은 문자를 닦는다 중풍의 손톱 끝 벽의 문자를 닦는다 정오의 햇빛이 나의 머리를 말아 올린다 그녀는 그림자에서 돌아온다

상상임신

　시큼한 과일이 먹고 싶어요 월경도 없이 달에서 달로 페이지들이 넘어가요 빈속이 뒤집히며 헛구역질이 나요 침대의 숫자를 세어보아요 어머 입덧이에요 달 아래 누워 배를 스스스스 문질러요 까만 점이 희고 둥글게 부풀어 오르는 상상 눈앞이 환해요 만져볼래요? 눈이 생겨나기 전의 아름다운 것들 들어볼래요? 입이 생겨나기 전의 아름다운 음파들 평생 임신인 채로 살아가는 여자라면 어떨까요? 당신은 나를 펼쳐놓고 잠이 들었어요 얇게 눌린 한쪽 팔로 당신을 감싸요 나는 당신의 책이에요

그림자 가게 1

 밤이 되면서 과일들은 검게 변한다 그림자는 과일을 갉아 먹고 서서히 둥글게 부푼다 도로변의 사과 상자 위, 여자가 우뚝 앉아 있다 여자의 발목이 둥글게 부푼다 과일 냄새를 풍기며 여자의 무릎이 둥글게 부푼다 여자의 몸은 한 바구니, 부풀어 오르는 점 오늘 못 판 과일은 오늘의 몸으로 들어가 썩는다 밤이 되면서 구두들은 검게 변한다 발등에 조명을 얹는다 한 구둣발이 바구니를 찬다 도로 위에 과일들이 구른다 바구니가 구른다 발목이 구른다 무릎이 구른다 바구니가 멈춘다 여자가 멈춘다 과일들이 멈춘다 도로변의 사과 상자 위, 여자가 일어나 과일들을 담는다 바구니 가득 몸을 열고 몸을 닫는다 한 알 한 알 썩는다

제3부

상자가 아직 칼이었을 때

 어머니는 그만 아들을 창가로 내몰고 말았어 별을 보여줄 생각이었지만 *세상은 작은 별에게 자꾸만 빛을 내라고 하지** 아들은 중얼거렸어 아들 방으로 들어온 장롱은 점점 부피가 커졌어 창가에 닿았지 아들은 종잇장처럼 눌리거나 창밖을 날 순 없어 힘껏 장롱을 밀었어 어머니가 거실로 내몰렸지 아들의 머리엔 티브이 상자가 끼워져 있어 모니터 속에서 전자 음성이 흘러나와 누군가 먼저 망치를 들었어 밀고 당기며 그들은 안방으로 들어갔어 두 그림자는 밤 열한 시에 그렇게 움직였어 아들이 칼을 들었어 장롱에 쑤셔 넣었어 칼끝에 이불솜이 닿아 한 번 더 찔렀어 어머니는 쓰러져 옆구리로 줄줄 흘러나오는 그림자를 주워 담고 있어 강도가 들었다고 할 테니 도망가라 붉은 그림자가 입을 벌렸어 아들은 집을 빠져나왔어 머리에 티브이를 크게 틀고 달렸어 도시의 번쩍이는 상자들 속으로 사라졌어 상자가 아직 칼이었을 때 도시가 상자 속의 상자 속의 상자를 열 때

* 밴드 '스웨터'의 노래 가사.

새의 점

창가에 서서 하늘을 올려다본다
내 눈썹을 밟고 검은 발목들이 지나간다

하늘의 북쪽으로

집을 나오며 하늘을 올려다본다
저녁의 구름들이 내 눈썹 위로 날아든다

하늘의 서쪽에서

검은 빗방울들은
하늘의 새를 내 눈썹 위까지 끌어내린다

땅에서 죽은 말들은 공중으로 떠오른다

나는 이마에 새를 얹고
눈썹 아래로 물을 뚝뚝 흘린다

바람이 거꾸로 이마 위를 지나간다
새가 마르는 동안 얼굴이 방향을 바꾼다

서쪽에서 북쪽으로

새가 날아가며 죽는다
내 얼굴이 새를 따라가며 멀어진다

죽은 말들과 공중을 걸어가며
얼굴 없는 나는
하늘가 멀리 점 하나를 본다

풀밭 위의 욕조

 약을 먹고 토해낸 초록색 위액이 땅을 적셔 초록 풀잎들이 자라나
 연두색 바람을 얻은 내 날개가 땅을 한 바닥 세차게 밀어올렸지
 욕조는 기우뚱해
 우린 마주 보며 전진해 너와 나의 눈 속은 점의 연속
 어둠은 빌딩의 벽을 타고 오르며 창문마다 철망을 치고 있어
 우리는 욕조 속에서 노를 저어 한 물결 내달렸지 밤을 한 바닥 밀었지
 밤은 제자리야
 철망의 한 구멍으로 검은 바람 소녀가 들어오고 있어
 주삿바늘 자국으로 팔이 모자이크 된 저 소녀를 우리 욕조에 태울까 죽은 고양이 한 마리 정도
 욕조는 제자리야
 밤을 떠도는 구름들은 풀밭에 내려앉아 몸의 내장을 긁어내고 다시 붕 떠올라

김이 모락모락 나는 세상의 모든 하수구가 이 풀밭 밑을 지나
 버려져 흘러 들어온 이들의 물기 위에 욕조가 떠 있어
 노를 저어 물 위를 달려
 붉은 삽으로 구름의 내장을 헤치고 저 사내 흰 무덤을 파고 있어 풀밭 위에서
 우리 둘이 알몸으로 들어찬 욕조를 말이야
 내가 물 위에 떠서 잠이 들 때 넌 옆에서 약을 먹고 물 밑으로 가라앉았지
 너를 끌어올려 길고 가는 목구멍에 손가락을 구겨 넣었어
 녹색 약물이 식도를 타고 올라와 네 몸을 펌프질해
 초록 풀잎들이 자라나 욕조를 들어 올려
 우린 마주 보며 전진해

새가 떠 있는 동안

그러니까 그들은
일제히 한쪽으로 나 있는 창문 밖으로
툭 튀어나와 공중에서 사는 사람들이다
서로 투명하고
흔들리고 소리를 낸다

그녀는 빨간 담뱃불을 공중에 비벼 끈다
구멍이 뚫린다
그래도 그들은 서로 보이지 않는다

닫고 닫은 공중의 문

2층의 공중에서 3층의 공중으로 수분이 증발한다
빨래가 흔들린다

옆집으로 윗집으로 아랫집으로 흐르는 물

매일 이사 오는 노파

재채기 한 번으로 공중에 뜨는 사내

새가 떠 있는 동안
허공은 노랗게 물들고
집은 여덟 개의 꼭짓점
그들은 새를 머리에 이고 입을 벌린다
새의 노랫소리는
문을 잠그는 쇳소리거나
관으로 수돗물이 흐르는 소리

하얀 배를 대고 공중으로 아이가 뜬다

상처에서 거즈를 떼어내고
소독약을 붓는 시간
부글부글 거품으로 구름이 뜬다

음정이 불안한 오후의 성악곡

전망 좋은 바깥
노래하는 노란 부리 주둥이들
노래하는 노란 부리 주둥이들

손가락들은 문 밖으로 새어 나온다
몰래 내다놓는 울음들
트럭이 지나가고
봉투 속에서 아기들은 태어난다

새가 떠 있는 동안
하늘은 노랗게 물들고

전자 비

거대한 지붕 아래에서 우리들은 만난다
두 명씩 악수
겹쳐진 두 손 안에서
손가락 아홉 개는 가죽
손가락 한 개는 알루미늄

밤은
보안경이 붙은 용접 마스크를 얼굴에 쓴다
타닥타닥 불꽃이 튄다
문자들은 전기 장치를 입고
찬란한 빛을 뿜는다

빗줄기들이 거리 안쪽으로 튄다

이 지붕에서 저 지붕으로 우리들은 옮겨간다

테이블 위에서 우리들은 만난다
테이블 아래 다리 세 개는 목제

다리 한 개는 철제

비와 음악 사이
비와 환한 문 사이
비와 꺼진 모음 사이
도시는 순식간에 끊어졌다 붙는다

우리들은 지붕 속으로 쏙 들어간다
옥탑으로 다리들을 구겨 넣는다
한 사람은 진자책을 켜고
한 사람은 전자기타를 친다

알루미늄 손가락으로
그는 그녀의 머리털을 털어준다

톡톡톡 전자음악 한 톨
탁탁탁 전자글자 한 톨

빗방울이 떨어진다

아무도 젖지 않고
누군가 타들어갔다

문 앞에서 우리들은 헤어진다
두 명씩 담뱃불을 나누어 붙인다
지붕 아래 입술 세 개는 모세혈관
입술 하나는 투명 유리

리모컨 바다

바람 소리와 함께 바다가 켜져요
아이들은 바닷가에서 발을 구르며 놀죠
문이 열리고 사람들이 안으로 들어가요
첫째 아이가 깡총, 젖은 구두를 따라 들어가고
둘째 아이가 언니야, 언니 발을 따라 들어가고
나는 유모차를 밀어요 아직 발이 없는 셋째
문이 닫히며 셋째 아이가 바다에 끼어요
바다가 달리자 내 발은 허공에 떠올라요

티브이를 꺼요

첫째 아이를 눕히고 베개를 넣어주고
둘째 아이를 눕히고 담요를 끌어주고
셋째 아이는 내 배 속에 집어넣어요

물에 몸을 담가요
온몸의 비늘이 다 벗겨졌어요
발이 허공에 떠 있다가 서서히 내려앉아요

자궁 속에 넣은 아이가 발길질을 해요
나는 발의 지느러미로 물을 밀어요
강을 거슬러 올라요

지나온 바다에는 무수히 리모컨이 떠다니고

티브이 아비

아버지는 더 이상 거실 중앙에 앉지 않으신다
주방을 드나드는 쪽에 엉덩이를 내려놓으신다
밥상이 들어갈 때 "아버지" 하고 치워야 한다
신발들이 친족으로 얽히는 날
아버지는 불태워진 구두를 신고
거실 가득 말들이 모여 앉을 때
뚜벅뚜벅 모양도 없이 걸어 다니신다
뛰어다니고 서성이고 비틀거리는 말들
어른들은 말 위에 양복을 걸치고 시간을 잰다
큰 아이들은 말을 섞어 손에 들고 화면을 켠다
작은 아이들은 말을 커튼 속에 감추고 깔깔댄다
갓난아기들은 손가락을 빨며 말의 침을 흘린다
주방에서 여자들은 말을 자르고 말을 굽는다
소녀들은 말을 접시에 담아 나른다
실은 모두 "티브이" 하고 외치는 것이다
상을 차리고, 죽은 말을 상 앞에 앉히고
모두 일어서 거실 중앙에 대고 절을 한다

아들들은 티브이를 켜놓고 제사를 지낸다

솔로채널비디오, 1대의 모니터 | 23분
외국어가 돌아다니는 거실, 모두 모여 티브이에 대고 절을 한다

도시의 집

지붕이 되어 날아가는 아버지들
천장이 뚫리고 전선이 지나가는 집
문이 되어 걸어 나가는 어머니들
벽으로 도로가 들어오는 집
다락이 되어 뛰어내리는 아이들
무너지는 집

흐르는 발

발은 흐른다 젖어 있다
공중에서 강이 내려앉는 창가
당신의 얼굴은 하얗게 비워지고
책은 물을 흘리고 당신의 발은 흐른다
반짝반짝 일렁이는 당신의 육체
발로 했던 사랑을 손으로 쓸 수 있을까
물길 속 발의 음계들
내 두 손은 물 위에 뜬 건반처럼
흐르는 당신의 발을 붙잡고
잠시 물의 노래를 불렀네
내 입술이 버려진 창가
계절을 옮기는 짐승 혹은 책
당신의 발은 어딘가로 흐르고
그곳에서 오는 물결을
내 두 손은 받아 적지 못하네
이제 가라앉는 손
물 속에서 당신을 오려낼 시간
(이 시는 당신이라는 글자를 모두 오려낸다)

사막에서

상자들 | 0.6×0.4cm
병이 들었다 염소다 너무 늙었다 어린 왕자가 말했다 별을 그려줘 진화하는 마지막 단계의 별

나를 입으세요

원피스, 거울, 나일론 줄, 유리 상자 | 96×65× 110cm

　유리 상자 속에 분홍색 원피스가 떠 있다 나일론 줄에 매달려 있다 치마의 주름이 나팔꽃처럼 퍼져 있다 유리 상자 바닥은 거울이다 거울 속으로 치마 속이 들여다보인다 치마 속은 막혀 있다 밑이 둥글게 천으로 박음질돼 있다 원피스는 둥둥

나를 입으세요!

폴라 티, 거울, 나일론 줄, 유리 상자 | 96×65× 110cm

유리 상자 속에 폴라 티가 떠 있다 나일론 줄에 매달려 있다 폴라 티에는 가늘고 긴 목이 두 개 달려 있다 유리 상자 바닥은 거울이다 거울 속으로 폴라 티 속이 들여다보인다 폴라 티는 속이 두 부분으로 나누어져 있다 두 개의 목과 갈라진 몸통

그림자 가게 2

백화점 정문으로 두 사람이 나온다
벽에 기대 두 그림자가 일어선다
대리석 벽을 따라 두 그림자가 걷는다

둘이서 붙을락 말락
그림자는 백화점 외벽을 타고 오른다
거대한 다리가 바닥을 딛는다
검은 네 개의 다리로 백화점이 걷는다
도시의 나일론 줄에 매달려

모자, 나일론 줄, 유리 상자 | 96×65×110cm
  유리 상자 속에 모자가 떠 있다 나일론 줄에 매달려 있다 모자는 우뚝 솟은 두 개의 원통과 하나의 매끈한 챙! 네 개의 눈과 두 개의 코와 두 개의 입과 네 개의 귀를 가진 사람의 사이즈, 딱 맞는 당신에게 팝니다 떠오를 수 있습니다

등을 더듬다

aluminum foil | 297 × 420mm

  그녀의 이야기를 알루미늄호일에 꼭꼭 눌러 쓴다 그리고 뒤집는다 오돌토돌 박힌 글자들, 더듬다

  그녀는 누워만 있었어 몸 위로 검은 것들이 기어올라왔지 그녀는 손가락으로 그것들을 눌러 죽였어 작고 검은 점들이 터지거나 으깨졌지 그녀는 손끝을 맛보았어 시큼해 그녀는 누워서 손가락만 움직였어 기다란 손가락으로 낮에 뜬 태양을 방 안으로 끌어들였지 밤하늘의 달도 긁어 모았어 오늘 세어 보니 태양은 서른 개 달은 스물아홉 개 방은 백지처럼 눈이 부셔 검은 점들은 계속 몸 위로 올라왔어 그녀는 계속 점들을 눌러 죽였어 그가 떠나고 그의 그림자가 나중에 떠났지 그녀는 그의 그림자를 오랫동안 붙들었어 그녀의 몸 위로 올라오는 점들은 그녀가 그의 그림자로 썼던 문장들 그녀가 고개를 살짝 들었어 검은 발등과 검은 젖가슴을 읽었어 읽는 순간 그것들은 햇빛과 달빛 사이로 사라졌어 그녀가 몸을 일으켜 앉았어

까맣게 덮인 긴 다리를 천천히 읽어 나갔어 그리고
등에 거울을 댔어 모공마다 검게 다닥다닥 박혀 있는
글자들, 촘촘히 그녀를 파 먹고 있는

마그리트의 티브이

솔로채널비디오, 1대의 모니터 | 4분
그는 달을 보기 위해 중절모를 썼다
그의 머리 위에 달이 떴다
그는 중절모를 벗어 창가에 놔두었다
그는 사과를 통째 입에 물었다
떨어지지 않게 걸었다
흔들리더니 사과가 떨어졌다
얼굴이 같이 떨어졌다
그는 사과를 주워 다시 물었다
얼굴은 줍지 않았다
그는 달을 보기 위해 다시 중절모를 썼다
사과 위에 달이 떴다
밖에서 바위가 들어왔다
얼굴 위로 바위가 굴러갔다
그는 바위를 들어 창밖으로 던졌다
구름 옆에 바위가 떴다
그는 수족관 속으로 몸을 구부렸다
상반신에 비늘이 돋았다

그는 달을 보기 위해 다시 중절모를 썼다
지느러미 위에 달이 떴다

공중계단

계단 위에 서 있는 여자

태양이 머리 위에서 뜰 때
그림자는 계단을 걸어 내려간다
여자의 무릎에 화초를 키우고
아래로 길을 줄줄 푼다

태양이 발아래에서 뜰 때
그림자는 계단을 걸어 올라간다
여자의 목에 문을 달고
집을 세운다

계단을 자르는 여자

다리를 자르자
화초가 꺾이고
길이 떨어져 나간다

목을 자르자
문이 떨어지고
집이 무너져 내린다

해가 지고 여자는 계단에 서 있다
다리 없이
목 없이

4월의 나프탈렌

목련 꽃이 피었다
벌어진다
장롱 속에 숨긴 가족

꽃이 집 안으로 들어온다
얼굴들은 액체에서 기체로
흩어진다

집을 나간 노래들이
목련 가지를 끌고
푸른 낮을 떠돈다
집에서 멀어질수록
주머니가 커지는 소년들
휘파람 소리
초록의 팔이 길어지는 계절
노래들은 집을 감싼다
어느새
초록 망사에 집이 싸여 있다

노래 속
흰 꽃 한 덩이
집은 액체에서 기체로

2층 햇살돛단배

건물 위에는 나무가 자란다
땅이 없이
나무는 플라스틱이다

건물 옆 고가도로에는 자동차가 달린다
정류장이 없이
자동차는 공중이다

2층에는 아직 햇살이 남아 있다

계단을 오르자
얼굴이 없이
우리는 눈물

테이블에 앉아서
그림자를 들어 올리자
떠오르는 찻잔 떠오르는 물컵

바닥에 놓인 우리들의 그림자를 뜯어
머리 위로 띄우자
떠오르는 모자 떠오르는 구두

테이블 위에는 연기와 음악
테이블 위에는 떠도는 말과 어떤 항해의 기록

창가에 햇살이 머물 때
햇살이 아직 파도일 때
푸른 천장을 밀고 온 돛단배에
우리들의 그림자를 태우자

그리고
우리들은 고요히 기록을 남기자
배를 떠나보내며

빛의 자음과 모음으로 그림자를 쓰자

점의 구성
── 이상의 「권태」에서 서술부 가져오기

　A 죽겠을 만큼 길다. A 똑같다. A 계속이다. A 강요한다. A 싱거워서 견딜 수 없다. A 다시없이 밉다. A 왜 소리를 치지 않나? A 떠오르지 않는다. A 건너다본다. A 사랑하였다. A 푸른 채로 있다. A 실색한다. A 흥분이 없다. A 통하리라. A 익으리라. A 본능이다. A 오고 만다. A 늘어졌다. A 썩는다. A 조용히 썩는다. A 울기나 한다. A 짖지를 않는다. A 이상하다. A 오지 않는다. A 헤어진다. A 먹는다. A 알 길이 없다. A 오지 않는다. A 다름없다. A 열리리라. A 폐쇄되었다. A 주저한다. A 귀찮다. A 견디기 어렵다. A 만났다. A 붉고 검다. A 미지근하다. A 아무것도 없다. A 들여다본다. A 틀림없다. A 이동한다. A 어쩔 작정인가. A 응시한다. A 크고 슬프다. A 분간할 수 없다. A 반복한다. A 질러본다. A 5분이다. A 오는 것이다. A 설명할 수 없다. A 어쩌라는 것인가. A 관계없다. A 버티고 서 있다. A 피할 수 없다. A 답답해야 한다. A 끈다. A 아무것도 보이지 않는다. A 아무것도 없다.

발끝의 노래

바람이 문자를 가져간다
이것은 창가에 매달아놓은 육체 이야기

창문을 열면
귀에서 귀로 냄새가 퍼졌다

그 발바닥을 보려면
얼굴을 바닥에 붙여야 하지
아무도 공중에 뜬 자국을 보지 못한 때
문자가 내려와 땅을 디디려는데
바람이 그것을 가져갔단 말이지

구더기처럼 그림자가 떨어졌다

한 줄 남기고 다 버려 우리들의 문학수업

시외로 가는 차량 근처에 너를 떼어버리고 오다
멀리멀리 가주렴 문장아, 내가 사랑했던 남자야

살갖 같았던 문장과 이별하고도
아름다운 시 한 편 쓰지 못하는 나는
목만 끊었다 붙였다

태양 아래 서서 혼자 부르는 노래
내 그림자 길이만큼 땅을 판다
내 그림자를 종이에 싼다
내 그림자를 땅에 묻는다
내 그림자 무덤에 두 번의 절
그리고 축문

오늘 나는 그림자 없이 일어선다
흰 눈동자의 날
빛이 들어오지 않는 방을 완성할 즈음
내 발목을 잡는 검은 손
어제 장례를 치른 그림자가 덜컥 붙는다
발끝을 내려다봐

끊은 목 아래
꿈틀거리는 애벌레들

이별은 계속된다

바람이 문자를 가져간다
이것은 창가에 매달아놓은 육체 이야기

붙이고 붙인 살덩이를 끊고 끊어
차분히 내려놓을게
공중에 뜬 발바닥 아래로

다 내려놓을 테니 다 가져가란 말이지

|해설|

그녀, 그림자 되다

강 계 숙

　조르주 데 키리코의 「거리의 신비와 우울」에서 굴렁쇠를 굴리며 텅 빈 거리를 달리는 소녀의 그림자는 침묵 속에 감추어진 도시의 공허와 초자연적 정경의 심오함을 한데 결합한 명료한 기술적 단순성으로 인해 뇌내의 견고한 우울과 무의식의 심연을 동시에 환기한다. 불안하게 흔들리는 소녀를 자기 쪽으로 빨아들이는 듯한 아케이드의 검은 그림자는 입을 벌리고 먹이를 기다리는 죽음의 사신(死神)처럼 보이고, 지표면을 가득 채운 그림자의 넓이만큼 소녀의 종말은 근접 거리에서 벌어질 사건으로 계시된다. 이 괴이쩍은 기운을 북돋우는 주요 모티프는 실체 없이 흐릿한 소녀이다. 소녀의 달리기가 위태로워 보이는 것은, 그림자의 윤곽이 그녀의 위치가 거기가 아님을 지시하지만 한편으로 정작 거기 있지 않은 그녀에게까지 죽음이 덮

칠 것임을 가리키는 까닭에, 역설적으로 소녀의 형상적 대리proxy인 그림자가 죽음의 위력을 강조하는 효과를 낳기 때문이다. 그러나 키리코의 그림자가 내면에 자리한 모종의 두려움을 일깨우는 진짜 이유는, 그것이 존재 스스로의 어둠—그림자는 몸이 만드는 어둠이다—을 지시할뿐더러 기원이 되는 대상과 무관하게 존재한다는 것, 그래서 구체적인 시공간의 맥락에서 이탈된 유령적 존재라는 점 때문이다. 이는 모호하게 왜곡되고 변형된 그림자의 그림자, 즉 그림자—이미지이다.

있으면서 없는 대상만큼 낯설고 기이한 것은 없다. 그런데 이 초현실적인 환영적 이미지를 실재로 만든 이가 있다. 아니, 엄밀히 말해, 자기 육체를 그림자로 삼아 그것을 실재하게끔 한다. 아니, 아니 더 정확히 말하자. 그녀는 그림자를 수행한다! 그러니까, 그녀는 그림자의 육체적 수행이다. 그녀라면, 그림자—소녀의 상태로 화폭에서 튀어나와 굴렁쇠를 굴리며 달릴 것이다. 기원적 대상에 묶여 있어야 할 그림자가 자율적 실체로 현존하는 놀라운 변전, 그녀는…… 신영배다.

처음에 그녀는 물이었다. 물이었을 때, 그녀는 이러했다. "당신의 사타구니에서 물이 줄줄 흐릅니다. 내 몸에서도 물이 줄줄 흐릅니다. 물과 함께 살이 줄줄 흘러내려 당신과 나는 살의 가죽을 모두 벗었습니다."(「죽은 남자

혹은 연애 1」, 『기억이동장치』, 열림원, 2006) 나와 당신이 물이 되어 하나로 녹아내리는 이 사건의 명칭은 연애다. 죽은 남자를 껴안고 주검의 액으로 화하는 일이 사랑임을 말하는 기괴한 형상은 낭만적 로맨스의 허구를 파괴하는 강렬한 부정성과 함께, 사랑의 도취와 매혹이 형용 불가한 고통임을 일깨운다. 뼈가 녹고, 근육이 풀어지고, 살갗마저 흘러내리는 참혹은 자기 육체를 '물(水)-화(化)'하는 극한의 아픔이다. 고통 속의 쾌락 jouissance이야말로 물이 되길 주저 않는 몸의 진정한 사건인 것이다. 흐르는 '물—몸'으로서의 이러한 향유는 '당신'과의 조우를 토대로 한다는 점에서 타자와의 만남을 목적으로 한다. 하지만 어떤 식의 동일화도 물의 육체는 거부한다. 물이 되길 마다 않는 그녀의 향유는 타자를 자기 몸속의 '외부'로 들이는 방법적 실행이다. 타자는 내 몸 밖에서 안으로 흘러드는 '다른 몸'이며, 나를 안고 도는 '다른 몸'의 유전(流轉)은 나 또한 흐르게 한다. 여기서 나와 타자의 경계는 사라지고 이전에 없던 이질적 몸이 출현한다. 물은 이 모든 과정의 매개적 조건이자 직접적 이행이며, 이로부터 비롯될 모든 가능한 잠재태의 수평적 이름이다.

그러나 물의 몸은 평안한 안식과는 거리가 멀다. 물이었을 때, 그녀는 늘 아팠다. "등 속에서 그녀가 내미는 머리 때문에" "그가 내미는 무릎 때문에" "당신이/내미는 치아 때문에"(「언덕에 매장된 검은 나체들」, 앞의 책) 그녀의 몸은 찢겼고 피를 흘렸다. 타자도, 나도 '다른 몸'이 되어 흐르려면 먼저 그녀가 쪼개지고 갈라져야 했다. 타자를 의식의 동일화 대상이 아니라 육체적 질환으로 삼는 환상적 탈태가 새로운 타자성의 윤리를 실현하긴 하지만, 몸의 즉자적 통증은 그녀가 누릴 자유의 가능성을 제한하고 스스로를 육체 내부에 복속시키며 한계 지운다. 물은 아무 데나 흐를 수 있지만, 다만 아프게 흘러갈 뿐인 것이다. 무엇보다 흐르기 위해선 내 몸을 뚫고 나오는 괴로움을 타자 또한 겪어야 한다. 이때 그들은 향유의 주체인가, 객체인가? 나와 만나기 위해 타자가 겪는 고통이란 그들이 선택한 몫이 아니다. 타자와의 만남이 자의적인 고통의 나눔일 수 없으니, 그녀의 흐르는 '물-되기'는 영원히 지속될 수 없는 제한적 환상 통로였다. 물이었던 시절, 그녀는 이것을 감지하고 있었고, 그래서 "몸이 일부분 비밀로 사라지는 놀이"(「콘택트렌즈」, 앞의 책)가 시작되었다. 놀이는 이제 '그림자-되기'로 완성에 달한다.

그림자는 실체 자체는 아니지만, 실체가 있음을 밝히는 신호index이다. 신호의 등장은 어딘가에 있는 '무엇'의 존재를, 신호의 움직임은 그 '무엇'의 순간적인 변화를 가리킨다. 아니, 반드시 그렇지만도 않다. 빛의 굴절에 따라 그림자는 '무엇'의 실재성과 무관하게 저 혼자 일렁이기도 하고, '이것(두 손의 겹침)'을 '저것(날개를 펼친 새)'

으로 보이게 만드는 탓에 착각을 유발하는 미비한 신호이다. 말하자면, 그림자는 '무엇'의 불완전한 암시이며, '무엇'이 아니라는 점에서 실재의 대체이자 '그것-없음/아님'의 증명이다. 그림자는 존재 보증의 불투명한 사인이면서 부재의 신호인 것이다. 이 불명료성의 극적 활용은 그림자를 애초의 연원에서 떼어낼 때, 즉 그림자의 인과성을 무시할 때 극대화된다. 예컨대, 소녀(원인) 없이 소녀의 희미한 음영(결과)만이 홀로 움직이는 방식이다. 이것은 '부재하는 몸/현전하는 몸의 투사물'이라는 회화적 이미지 본래의 이원 구조를 한층 더 강화한다.

그런데 신영배의 '그림자-되기'는 여기서 한걸음 더 나아간다. 몸의 투사체라는 근본적 발원조차 거부하는 것이다. 그녀의 그림자는 원인 부재의 자율체로 탈바꿈되어 정체불명의 새로운 물질, 이류 붙일 수 없는 몸체가 된다. 이는 사실의 범주를 멀리 이반하는 획기적이며 전복적인 몸이다. 가령,

> 내 목이 바닥으로 길게 늘어진 오후
> 서랍에서 꼬리가 빠져나오고
> 바닥에서 혀가 쑥쑥 자라나요
> ─「세상에서 가장 긴 나무의 오후」부분

아래가 붉게 젖을 때 힘없이 돌아오는 발소리

나는 한 개의 다리를 거둬들이고
아직 한 개의 다리를 기다려요
    ——「기하학적 다리에 대한 독백」 부분

나는 팔을 떼었다 붙였다
나무의 가지 사이
엄마는 눈을 떼었다 붙였다

나는 다리를 떼었다 붙였다
흐르는 강물 위
엄마는 귀를 떼었다 붙였다

나는 목을 떼었다 붙였다
해바라기 담장으로
엄마는 입술을 떼었다 붙였다
    ——「태양 아래에서」 부분

의 경우, '나'의 몸은 사물의 유기성과 연속성을 가볍게 배반한다. 늘어나고, 잘리고, 떼어지고, 붙고, 거둬지는 자유로운 절합articulation은 유기적 생명체인 자연적, 생물학적 몸의 영역이 아니다. 그렇다면 이는 순간적 착란에 따른 환각일까? 신영배의 몸은 파편들의 모자이크나 신체의 인공적 결합이 아니다. 유기성, 연쇄, 지속성의

'바깥'에서 그녀의 몸은 살아 있다. 더 정확히 표현하면, 부분으로서 '도,' 단편으로서 '도' 살아 있다. 부분과 단편은 그녀의 몸에서 전체의 부속이 아니라 그것의 부정으로서 존재한다. 그녀의 몸은 한순간도 전체로 서는 법이 없다. 찰나적 부딪힘으로 출렁이는 가변적 부분들이 일순간 하나로 만날 때에만 잠시 전체의 가능성을 얻는다. 신영배 몸의 부분들은 분리와 절단의 불연속 가운데서 충분히 산다. 그녀는 그림자이고, 분절과 접합은 그림자의 고유한 생래이기 때문이다. 두 다리가 따로 있는 몸, 팔과 다리와 목이 떨어지고 붙는 몸, 꼬리와 혀가 서랍과 바닥에서 튀어나오는 몸, 하지만 죽지 않고 살아 있는 생생한 몸, 그녀는 이렇게 그림자―몸으로 실존한다.

그림자―몸의 기이하고 독특한 변이는 신영배 시에 두 가지 층위의 자유를 낳는다. 첫째, 형태 변화의 자유와 둘째, 지각 방식의 자유이다. 전자는 그림자의 본원적 속성으로부터 기인하며, 후자는 전자의 자유가 낳은 필연적 결과로 획득된다. 우선, 그림자만큼 자주 변하는 것은 없다. 그것은 크기, 부피, 길이, 넓이, 윤곽, 농도 등 형태를 가늠하는 규칙, 기준, 한정, 틀에서 벗어난다. 그것은 기고, 흐르고, 떠다니고, 흔들리고, 들러붙고, 수시로 옮겨 다닌다. 그림자는 영원한 변화의 다른 이름이다. 고정된 형식화를 거부하는 이러한 몰형식의 자유는 사물의 형상과 눈앞의 풍경을 뒤바꾼다. 현실 아닌 현실, 혹은 현실의 옮김 또는 전치(轉置)의 형태로. 이것은 현실의 초월과 다른 이(異/移)-현실의 생성, 즉 현실 내부에서의 급진적 자리바꿈이다.

    강이 동쪽에서 서쪽으로 흐른다

    꽃이 눈알을 강물에 떨어뜨린다
    새가 부리를 강물에 떨어뜨린다
    연인이 하체를 강물에 떨어뜨린다

    뱀의 꼬리가 서쪽으로 늘어난다

    얼굴은 지표면 가까이에 떠다닌다
                    ―「얼굴은 안개로 돌아간다」 부분

    빌딩 속에서 나무가 일어선다
    길게 그림자가 뻗는다
    유리창을 통과하고 도시를 덮는다
    그림자 속에서 새가 날고
    그림자 속에서 강이 흐르고
    그림자 속에서 바람이 불고
    나무 그림자는 동시에 새 그림자

새 그림자는 동시에 강 그림자

강 그림자는 동시에 바람

오후의 머리카락이 지평선까지 풀리다

지평선 위에 흐르는 새

지평선 위에 나는 강

지평선 위에 바람

　　　　——「세상에서 가장 긴 나무의 오후」 부분

　그림자—몸으로 감득한 외부의 형상은 주지와 상식, 전형이나 관습과 무관한, 방금 새로 태어난 세계이다. 여기에는 이것과 저것의 경계가 없고, 분별도 없다. 물론 동화나 합일도 없다. 모든 것은 앞뒤나 위아래 구분 없이 서로의 일부로 붙었다 떨어지고, 각자에게 속했다 분리되고, 물리적 시공간을 잊은 채 떠돈다. 그래서 빌딩 속에서 나무가 일어서고, 지평선 위로 새가 흐르고, 강이 날고, 머리카락이 닿는다. 때로 얼굴이 지표면 가까이 떠다니고, 연인의 하체는 강물에 빠지고, 뱀의 꼬리는 하염없이 길어진다. "나무 그림자는 동시에 새 그림자/새 그림자는 동시에 강 그림자/강 그림자는 동시에 바람"인 상태로, 무수한 다중의 겹친 그림자 속에서 세계는 자유롭게 날고, 흐르고, 분다. 오직 부드러운 유동만이 이러한 변형의 속성일 뿐, 어디에도 폭력의 흔적은 없다. 인위와 조작과 기술의 자취가 없기에 소란과 동요 없이 깊은 고요가 감돈다. 무구한 정적 속에서 아무 일 아니라는 듯 나타나는 부드러운 흐름과 무심한 움직임은 침묵의 선율을 타고 오가는 심오한 음악에 가깝다. 기괴한 접착조차 필연적인 자연처럼, 당연한 정경처럼 느껴진다.

그러나 이 고요는 드물게 파괴적이고, 이 파괴는 놀랄 만큼 전면적이다. 세계의 익숙한 정형성을 산산이 깨뜨리기 때문이다. 파괴의 옹호는 그림자—몸의 궁극적 지향이 아니지만, 정형의 날카로운 해체와 더불어 인식과 감각의 친숙한 체계가 무너지면서 '다른 몸'의 소유가 새로운 감각적 현실성을 얻는 장면은 아름다움의 산술적 유형화를 거역한 빼어나게 '아름다운 방' 하나로 수렴된다.

 오후 두 시 방향으로
 나는 상자의 그림자를 가지고 있다
 얇게 접어둔 다리

 의자는 새의 그림자를 가지고 있다
 앉아 있던 잠이 툭 떨어져 내린다
 의자가 쓰러지고
 새가 아름답게 나는 방

 오후 네 시의 방향으로

나는 물병의 그림자를 가지고 있다
흠뻑 젖은 주둥이로 다리를 조금 흘린다
관 뚜껑을 적시는 문장

화분은 고양이의 그림자를 가지고 있다
깨진 고양이가 내 손등을 할퀸다
씨앗이 퍼진다
갈라진 손등에 고양이를 묻고
해 질 녘 손의 음송

오후 여섯 시 방향으로
나는 기다란 악기의 그림자를 가지고 있다
붉은 손가락으로 관 속의 다리를 연주한다

커튼은 물고기의 그림자를 가지고 있다
젖히자 출렁이는 강물 속
내 다리가 아름답게 흐르는 방
　　　　　　　　　—「나의 아름다운 방」 전문

　'나'는, '나'의 몸은, 어떤 변용도 허용된 그림자이고, 천변만화하는 그림자―방 전체이다. '나'는 세상의 모든 그림자를 가진다. 상자의 그림자, 물병의 그림자, 기다란 악기의 그림자가 모두 '나'의 것이다. 그리고 그림자는 그림자를 낳는다. 상자는 의자를, 의자는 새를, 물병은 화분을, 화분은 고양이를, 악기는 커튼을, 커튼은 물고기, 물고기는 내 다리를…… 그림자는 그림자로 이어지고, 각각의 그림자는 맞물린 연쇄 속에서 이중, 삼중, 겹겹으로 제각각 흐른다. 이 리드미컬한 흐름은 그 자체로 하나의 완벽한 음악이다. 현실에선 불가능한 불협화의 협화 혹은 협화음의 불화라는 역설이 그녀의 방 전체를 이룬다. 시각적 음악의 형상이야말로 이 방의 진정한 모습이다. 이 방이, 그리고 이 방의 주인인 '내'가 아름다운 이유는 그녀가 상자, 물병, 악기를 가졌기 때문이 아니라 그것의 그림자를 가졌기 때문이다. 무궁한 형태 변화를 허락받은 그림자―몸은 사실과 환상의 경계를 허물고, 객관적 실재의 지루한 고정성을 유연한 변동의 장으로 탈바꿈시켜 중력의 법칙이 작용하는 시공간을 아득한 진공의 무한한 떠다님으로 만든다. 이것은 꿈일까? 아니, 그림자―그녀에게, 이것은 현실이다. 아마도, 매우 진정한 현실. 그러니 이러한 현실을 지각하는 그녀의 방식은 형태 변화의 자유만큼 자유롭다.

> 하루 종일 내 긴 머리카락으로
> 당신들의 책상을 훔쳤어요
> 당신들은 꼬리를 서랍 속에 넣고 닫고
> 하루 종일 내 긴 머리카락으로

당신들의 구두를 치웠어요
당신들은 혀를 여기저기 흘리고 밟고
　　　　　―「세상에서 가장 긴 나무의 오후」 부분

비가 내린다 ㅣ가 내린다 ㅣ가 내린다 ㅣ가 내린다 ㅣ가
내린다 ㅣ가 내린다 ㅣ가 내린다 ㅣ가 내린다 ㅣ가 내린다 ㅣ가
내린다 ㅣ가 내린다 ㅣ가 내린다 ㅣ가 내린다 ㅂ도시가 젖는다

점이 세 개씩 하늘에서 떨어진다

어제 지나갔던 길의 점들을 사람들이 뜯어내고 있다
그녀의 노란 발은 열세번째 계절에 닿던 집을 잃는다

얼음의 날들이 다가온다

그녀는 점 속으로 숨는다
그리고 점으로 나타난다 　　―「그녀의 점자」 전문

　촉각은 그림자―몸의 가장 중심된 지각 체계이다. 그도 그럴 것이, 그림자는 몸으로 사물을 훑고 느끼고 지각하고 판별한다. 쉼 없이 미끄러지는 피부는 세계와의 접촉면으로 몸 전체를 이룬다. 감각 능력 면에서 그림자―피부―몸은 감득하지 못할 것이 없기에 전능하고, 감각 혼

용이 거침없이 원활하므로 탁월하다. 가령, 몸을 잠시만 움직여도 책상을 훔치는 느낌과 구두를 더듬는 감촉이 전달된다. 이때의 인상은 손으로 만지는 것과는 판이하게 다르다. 그림자─몸이 대상을 감수할 때의 촉감이란 흡사 장님이 점자를 만지듯 사물 하나하나가 피부에 닿는 점이 되어 불쑥 일어선 문자로, 문자로 양각되어 기립한 세계로 체감되는 상태이다. 한마디로, 그림자─그녀는 세계를 점자로 만지고 그린다. 짙고 풍성한 머리카락이 되어 책상과 구두를 닦거나 떨어지는 빗물을 점자의 표면으로 어루만지며 몸 전체에 덧씌우는 촉감의 힘은 감각 작동의 계기를 환상이 융기하는 순간으로 만든다. 이 과정에서 그녀도, 그녀의 몸도 점이 된다. 세계가 점자로 느껴진다는 것은 자신도 세계의 점자임을 깨닫는 일이기 때문이다. 이렇게 오돌토돌한 점자가 된 촉각적 몸은 읽히는 문자이므로, 문자의 해독이 머릿속에 잠정적 이미지〔像〕를 떠오르게 하듯 대상에 닿을 때마다 그에 따른 시각적 영상을 산출한다. 그림자─몸은, 그래서, 보이고 보는 피부이다. 신영배의 모든 점은──저녁의 점이든, 소녀의 점이든, 팔월의 점이든, 그림자─피부─눈─몸이 상호 순환하는 변용의 시각적/촉각적 집약체이다. 바로 이렇게.

창가에 서서 하늘을 올려다본다
내 눈썹을 밟고 검은 발목들이 지나간다

하늘의 북쪽으로

집을 나오며 하늘을 올려다본다
저녁의 구름들이 내 눈썹 위로 날아든다

하늘의 서쪽에서

[……]

서쪽에서 북쪽으로

새가 날아가며 죽는다
내 얼굴이 새를 따라가며 멀어진다

죽은 말들과 공중을 걸어가며
얼굴 없는 나는
하늘가 멀리 점 하나를 본다　　　──「새의 점」 부분

 저녁에 내리는 비와 날아가는 새의 자취를 촉각(눈썹)으로 느끼면서 멀어지는 새와 함께 얼굴이 따라가버린 '나'는 "얼굴 없"이 새의 점을 "본다." 얼굴이 없는데 어떻게 볼까? 그림자─몸인 '나'는 얼굴 없이도 존재할 수 있고, 이 몸은 피부가 곧 눈의 역할을 한다. 즉, 새 그림자에 '내' 그림자가 닿음으로써 '나'는 새를 본다. 또한 그림자─몸은 언제든 점이 될 수 있으니, '나'는 새처럼 날아갈지 모른다. 아니, 이미 날고 있다. "공중을 걸어가"고 있으니 말이다. 새를 보는 관찰자의 시야가 촉각적 닿음을 통해 땅에서 하늘로, "서쪽에서 북쪽으로" 한정 없는 이동의 공간감으로 바뀌는 사건이야말로 이 같은 감각 혼융에 내재된 드라마의 본질이다. 비에서 눈썹, 눈썹에서 얼굴, 얼굴에서 새로, 촉각과 시각이 혼융되면서 몸이 변형되는 이러한 극적 사건은 촉각적 접촉이 인접성의 원리로 작동하는 육체적 변용의 자유를 집약적으로 보여준다. 피부 면의 부분적 상접이 몸에 닿은 대상에 인접하여 몸의 변용을 가져온다는 것은 신영배의 시에 자주 나타나는 특징이다. 예컨대,

> 그는 수족관 속으로 몸을 구부렸다
> 상반신에 비늘이 돋았다
> 그는 달을 보기 위해 다시 중절모를 썼다
> 지느러미 위에 달이 떴다
> ──「마그리트의 티브이」 부분

에서 수족관으로 몸을 구부리자 상반신에 비늘이 돋고, 달을 보기 위해 중절모를 쓰자 지느러미에 달이 뜨는 '그'의

변화는 피부에 인접한 사물에 따라 몸이 총체적으로 변하는 과정을 보여준다. 이 같은 신체 변화의 양상은 신영배의 시에서 몸이 환유적 단편의 연속체로 재구성되어 외부의 특정한 사건이 환기되는 독특한 스타일을 낳는다. "도로변의 사과 상자 위, 여자가 우뚝 앉아 있다 여자의 발목이 둥글게 부푼다 과일 냄새를 풍기며 여자의 무릎이 둥글게 부푼다 여자의 몸은 한 바구니, 부풀어 오르는 점 오늘 못 판 과일은 오늘의 몸으로 들어가 썩는다"(「그림자 가게 1」)에서는 팔리지 않는 과일에 근심만 쌓여가는 노상 여주인의 불우함이 암시되고, "그녀는 오늘 아랫배에서 길이 풀려 나왔다/사람들의 다리 사이에서 그녀는 기었다//그녀는 오늘 손바닥에서 길이 풀려 나왔다/머리 위로 사람들이 떨어뜨리는 동전을 받아먹었다"(「치마 속으로 다리를 집어넣다」)에서는 타이어에 다리를 끼우고 바닥을 기며 동냥하는 장애인 여성의 비참함이 형상화된다. 그녀들의 몸은 피부가 닿는 부위를 중심으로 환유적으로 재편되어 있다. 이러한 몸의 표상이 발휘하는 효과는 시각적으로 간접화되는 사건을 피부에 닿는 직접적 자극으로 뒤바꾼다는 것이며, 대상의 참담함은 이 과정에서 생생하게 상기된다. 하지만 육체의 환유적 부분 표상과 대체가 수려한 묘사에 달한 경우는 다음과 같은 광경에서다.

발이 마르는 동안

당신의 뒤통수는 책

발이 마르는 동안

우리가 나누는 말은 바람

발이 마르는 동안

우리는 두 그루

발이 마르는 동안

어둠이 톡!

발이 마르는 동안

당신의 등은 무지개

발이 마르는 동안

우리가 나누는 말은 햇빛

발이 마르는 동안

우리는 두 마리

발이 마르는 동안

우리는 안녕 ——「누워 있는 네 개의 발」 전문

  사랑을 나누는 연인의 모습을 이보다 투명하게 그릴 순 없다. 여기에는 몸과 마음을 온전히 대신한 네 개의 발만 있다. 하지만 네 개의 발로 충분하다. 이것들에 얹힌 시간들로 가슴 벅찬 사랑은 제 주위를 가득 채우고, 이것들에 스민 시간을 따라 어느덧 이별 또한 찾아온다. '발'은 '우리'의 사랑이 자리바꿈된 몸이며, 이 부분적 몸에 배인 시간의 흐름은 사랑의 시작과 끝을 현재적 사건으로 되산다.

무엇보다 '우리'의 네 개의 발은 침묵으로 감싸인 몸의 언어이기에 아름답다. "혀가 없는"(「거울의 저녁」) 발의 시간, 음성 없는 몸의 정적, 신영배의 그림자-몸이 희구하는 궁극의 상태는 이것이다.

그녀가 "쏙의 아내"가 되어 목 위에 얼굴이 아닌 "안개를 얹고 연인을 찾아간"(「얼굴은 안개로 돌아간다」) 이유는 "깊은 곳에서 말을 버렸"(「정오에는 말을 버린다」)기 때문이다. "말은 부어올랐"고, "충혈되었"고, "고름이 괴었"고, 이제 "늙어"(「얼굴은 안개로 돌아간다」)버렸다. 이런 말은 나를 오염시키고, 우리를 경악케 하고, 세계를 은폐한다. 줄기차게 그림자-되기를 시도하는 그녀의 상상적 작업에는 말의 포박으로부터 자유로워지길 원하는 간곡한 희구가 담겨 있다. 말 없는 언어에의 도틸 혹은 불가능한 침묵의 혀-되기는 그녀의 그림자-몸이 추구하는 역설이다. 그녀에겐 그림자의 고요한 움직임이야말로 기존의 언어를 벗어나 오직 몸으로서 실행하는 묵언의 언어인 셈이다.

이러한 그림자-언어를 자기 육체로 삼을 때, 비로소 "눈은/꽃이 있는 곳에서 꽃이 없는 곳으로" "입은/혀가 있는 곳에서 혀가 없는 곳으로" "코는/향기가 있는 곳에서 향기가 없는 곳으로" "귀는/바람이 있는 곳에서 바람이 없는 곳으로"(「얼굴은 안개로 돌아간다」) 갈 수 있다.

그렇게 "없는 곳"으로 갈 때, 눈과 입과 코와 귀는 제 감각의 가능성과 진리 값을 다시 얻을 수 있다고, 그녀는 믿는다. 꽃과 혀와 향기와 바람이 "없는 곳"에서 기성에 물든 감각이 구태를 벗고 자기 쇄신을 이루어 꽃을 꽃으로, 향기를 향기로, 바람을 바람으로, 아니, 아니, 꽃은 꽃이 아닐 수 있음을, 향기는 향기가 아닐 수 있음을, 바람은 바람이 아닐 수 있음을, 그것들이 전부 '다른' 것일 수 있고 '다른' 것이 될 수도 있음을 감지할 수 있다. 그녀의 시가 종종 행간이 넓고, 여백이 깊고, 침묵이 오래가는 이유는 시간의 그윽한 정지 속에서 감각의 촉수를 최대한 섬세하고 예민하게 다듬어 그림자―몸의 언어를 옮기기 위해서다. 그래서 그녀는 "창가에 햇살이 머물 때/햇살이 아직 파도일 때/푸른 천장을 밀고 온 돛단배에/우리들의 그림자를 태우자//그리고/[……]/배를 떠나보내며//빛의 자음과 모음으로 그림자를 쓰자"(「2층 햇살돛단배」)라고 읊조린다.

그녀의 시는 그림자의 온갖 모험의 기록이자 자기 감각과 형태의 한계를 넘어가는 예술적 자유의 도정이다. 예술적 자유란 언제나 그렇듯, 전통과 권위, 객관적 가치와 규범에 대한 전면적 부인이며, 비록 이해받지 못하는 고독의 수인(囚人)이 된다 할지라도 개성의 미적 산출은 단지 자기 기준을 따를 뿐이며 대체될 수 없는 유일무이함을 생명으로 한다는 원리의 실현이다. 넘치는 자유의 길을 따라 신영배의 언어가 부조하는 미묘(美妙)하고 신비한 그림자의 판각들은 기존의 감각 형상과 감정의 틀을 최대한 흩뜨리고 예상치 못한 방식으로 형식화함으로써 예술이, 시가 누릴 수 있는 자유의 한 정점에 선다. 가장 적요하고 잠잠하지만, 결코 기성의 것과 타협하지 않는 강하고도 섬세한 의지의 표명으로. 이것은 정지의 순간에 집중함으로써 영원에 이르려는 형이상학적인 초월 욕구와는 엄연히 구분된다. 그녀의 그림자-몸은 기성의 감각으로 감지 못한 세계의 이면이나 뒷면, 혹은 사물과 사물이 맞닿으면서 일으키는 파장의 보이지 않는 면을, 그 틈에서 흘러나오는 '사이〔間〕'의 시간을 비집고 들어가 새로운 공간을 만드는 언어이다. 그녀의 몸이 세워지면서도 계속해서 지워지는 여백을 가진 이유는 그렇게 덜어낸 공백 속으로 '다른' 시공간이 흐르도록 하기 위해서다. 그리고 여기에 그림자-몸이 누리고자 하는 자유의 성격이 집약되어 있다. 나 자신뿐만 아니라 내가 대면하는 모든 타자(의 몸)을 육체의 환부로 안고 바라보는 내면적 제약에서 벗어나 언어의 부패와 타락으로 대표되는 이 세계 내부에서 억압 없이, 막힘없이 제각각 원하는 바대로 이월(移越)토록 하는 것, 그래서 '다른' 세계의 잠재성을 '다른' 내부의 감각으로 함께 체험하고 확인하고자 하는 것, 그것이 타자 이전에 자신이 먼저 이질적 몸이 되길 택한 그림자-몸-언어의 예술적 자유의 지향점이다.

그러니, 혼란과 낯섦은 당연하다. 이전에 없던 언어가 일어서는 사태를 맞닥뜨리고 있으니 말이다. 하지만 이를 즐길 줄 모르는 당신은 그녀가 누리는 자유의 목적과 정체를 이해할 수 없다. 그녀가 마지막 종착에 이르러 다음과 같이 고백하는 연유도 알 리 없다.

> 오늘 나는 그림자 없이 일어선다
> 흰 눈동자의 날
> 빛이 들어오지 않는 방을 완성할 즈음
> 내 발목을 잡는 검은 손
> [……]
>
> 바람이 문자를 가져간다
> 이것은 창가에 매달아놓은 육체 이야기
>
> 붙이고 붙인 살덩이를 끊고 끊어
> 차분히 내려놓을게
> 공중에 뜬 발바닥 아래로
>
> 다 내려놓을 테니 다 가져가란 말이지
> ——「발끝의 노래」 부분

그림자마저도 덜어내려는 절대적 비움, 적어놓은 이야

기 전부를 바람에 날리려는 절망의 순도, 다 내려놓았으니 다 가져가라는 버림의 극치. 그녀의 자유는 이렇게 또 다른 극단에 서 있다. 신영배는, 그래서, 치명적이고, 그녀의 시는 서늘하게 아름답다. 만일 그녀의 아름다움을 더 잘 느끼고 싶다면, 방법은 있다. 오후 여섯 시, 그녀를 따라 가장 길어져보자. 빛의 자음과 모음으로 점이 될 때까지, 점을 따라 무겁고 둔한 몸이 사라질 때까지, 그리하여 숨겨진 저 이면들 '사이'로 그녀를 따라 들어설 수 있을 때까지……